PREMIER
ALPHABET

DIVISÉ

PAR SYLLABES,

Pour instruire avec une grande facilité
les Enfans à épeler.

ÉVREUX,

Chez CORNEMILLOT, libraire, successeur
de VERNEY,

Grande Rue, n° 2, près le pont St-Thomas.

Evreux, Imprimerie de Louis TAVERNIER et Cie.

SANCTA ÁNNA.

Vierge sainte, faites descendre
En moi la grâce de bien apprendre.

✠ a, b, c, d, e, f, g,
h, i, j, k, l, m, n, o,
p, q, r, s, t, u, v, x,
y, z, fi, ff, fl, æ, œ.

A, B, C, D, E, F,
G, H, I, J, K, L, M,
N, O, P, Q, R, S, T,
U, V, X, Y, Z, W, Æ,
OE.

4

d. p. b. q. j. h. o. y. a

m. g. r. n. s. i. f. x. e. t. z

l. u. v. p. q. d. b. c. k

a.   e.   i.   y.   o.   u.

ba	be	bi	bo	bu
ca	ce	ci	co	cu
ka	ke	ki	ko	ku
da	de	di	do	du
fa	fe	fi	fo	fu
pha	phe	phi	pho	phu
ga	ge	gi	go	gu
ha	he	hi	ho	hu

ja	je	ji	jo	ju
la	le	li	lo	lu
ma	me	mi	mo	mu
na	ne	ni	no	nu
pa	pe	pi	po	pu
qua	que	qui	quo	quu
ra	re	ri	ro	ru
sa	se	si	so	su
ta	te	ti	to	tu
va	ve	vi	vo	vu
xa	xe	xi	xo	xu
za	ze	zi	zo	zu

bla	ble	bli	blo	blu
bra	bre	bri	bro	bru
cla	cle	cli	clo	clu
cra	cre	cri	cro	cru
dra	dre	dri	dro	dru
fla	fle	fli	flo	flu
phla	phle	phli	phlo	
	phlu			
fra	fre	fri	fro	fru
phra	phre	phri	phro	
	phru			
gla	gle	gli	glo	glu

gra	gre	gri	gro	gru
pla	ple	pli	plo	plu
pra	pre	pri	pro	pru
spa	spe	spi	spo	spu
sta	ste	sti	sto	stu
tla	tle	tli	tlo	tlu
tra	tre	tri	tro	tru
vra	vre	vri	vro	vru

No tre , Pè re ,

qui , ê tes , aux ,

ci eux , que , vo tre ,

rè gne , ar ri ve , que ,

vo tre , vo lon té ,
soit , fai te , en , la ,
ter re , com me , au ,
ci el , don nez - nous ,
au jour d'hui , no -
tre , pain , quo ti di -
en , et , par don nez -
nous , nos , of fen -
ses , com me , nous ,
les , par don nons ,
à , ceux , qui , nous ,
ont , of fen sés , et ,

ne , nous , lais sez ,
point , suc com ber ,
à , la , ten ta ti on ,
mais , dé li vrez-nous ,
du , mal.

Ain si, soit-il.

JE , vous , sa lue , Ma-
rie , plei ne , de ,
grâ ce, le Sei gneur, est,
a vec, vous. Vous ê tes,
bé nie, en tre, tou tes,
les , fem mes , et Jé-

sus , le , fruit , de , vo-
tre , ven tre , est , bé ni.

Sain te , Ma rie ,
Mè re , de , Di eu ,
, pri ez , pour , nous ,
pau vres , pé cheurs ,
main te nant , et , à ,
l'heu re , de , no tre ,
mort.

Ain si , soit-il.

JE , crois , en , Di eu ,
le , Pè re , tout-

puis sant, Cré a teur,
du, ci el, et, de, la,
ter re, et, en, Jé-
sus-Christ, son, Fils,
u ni que, no tre, Sei-
gneur, qui, a, é té,
con çu, du, Saint
Es prit, est, né, de, la,
Vi er ge, Ma rie, a,
souf fert, sous, Pon ce-
Pi la te, a, é té, cru ci-
fi é, est, mort, et, a

é té, en se ve li, est, des cen du, aux en- fers, et, le, troi si è- me, jour, est, res sus- ci té, des, morts, est, mon té, aux, ci eux, est, as sis, à, la droi te, de, Di eu, le, Pè re, tout- puis sant, d'où, il, vi- en dra, ju ger, les, vi- vans, et, les, morts.

Je crois au Saint-Esprit, la Sain te E gli se ca tho li que, la com mu ni on des Saints, la ré mis si on des pé chés, la ré sur rec ti on de la chair et la vie é ter nel le.

Ain si soit-il.

BEnissez,

Que ce soit le Seigneur.

Que la main de Jésus-

Christ nous bénisse et la nourriture que nous allons prendre.

Au nom du Père, et du Fils, et du Saint-Esprit.

Ainsi soit-il.

NOus vous rendons grâces pour tous vos bienfaits, ô Dieu tout-puissant, qui vivez et régnez dans tous les siècles des siècles. Ainsi soit-il.

Heureuses les entrailles de la Vierge Marie, qui ont porté le fils du Père Eternel. Et heureuses les mamelles qui ont allaité J. C. notre Seigneur.

Que les âmes des fidèles reposent en paix par la miséricorde de Dieu.

Ainsi soit-il.

FIN.

I

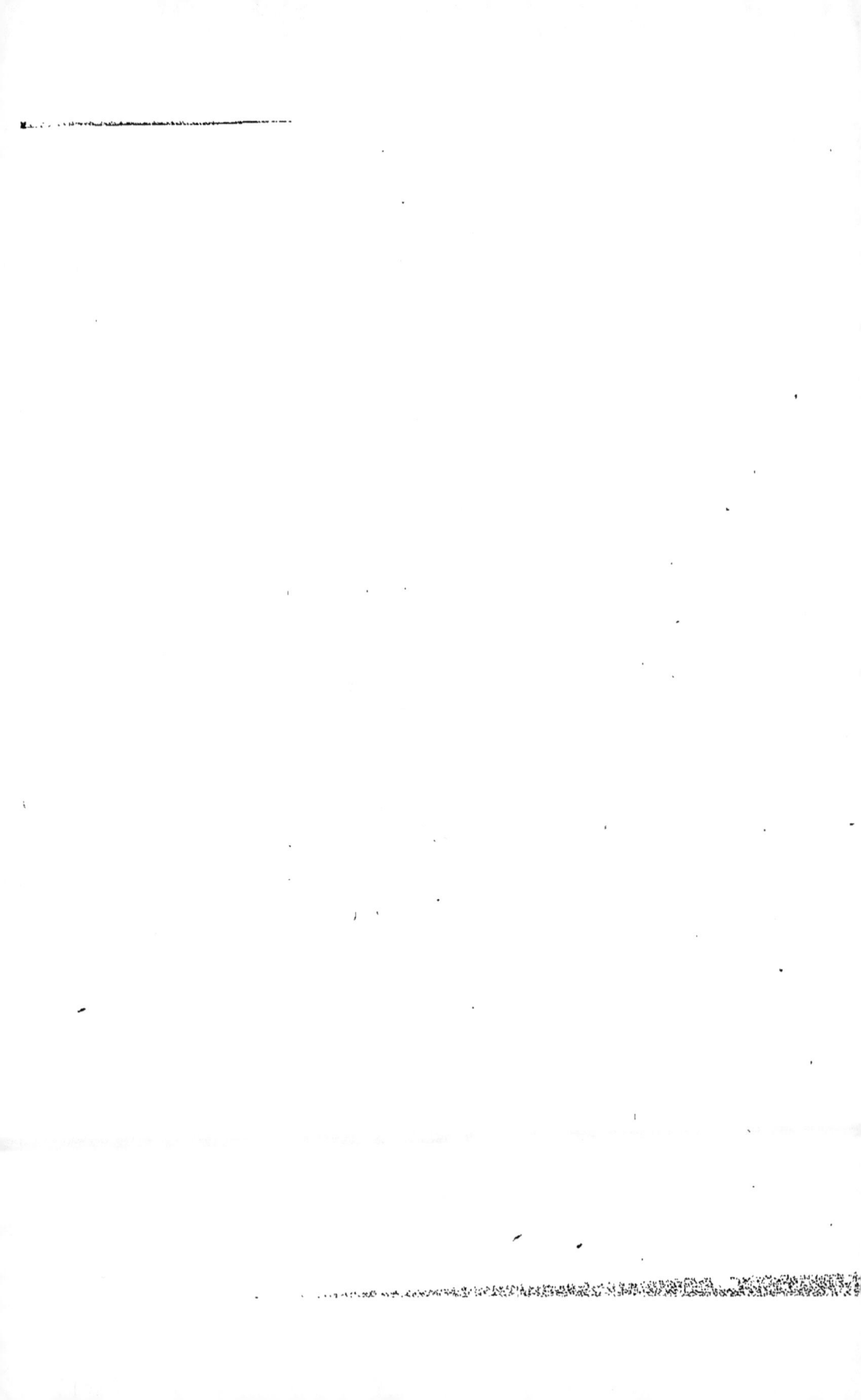